まちごとアジア

Pakistan 005 Harappa

ハラッパ

「インダス文明」に想い馳せて

ہڑپہ

Asia City Guide Production

【白地図】パキスタン

ASIA
パキスタン

パキスタン

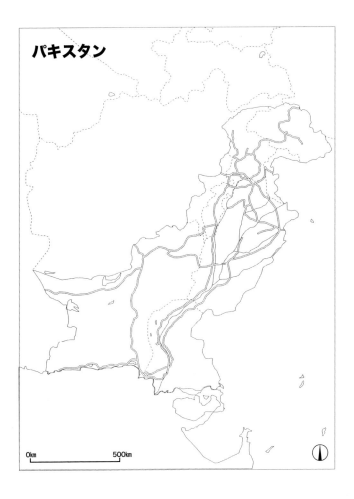

Harappa 白地図

【白地図】ハラッパとパンジャーブ州

ASIA
パキスタン

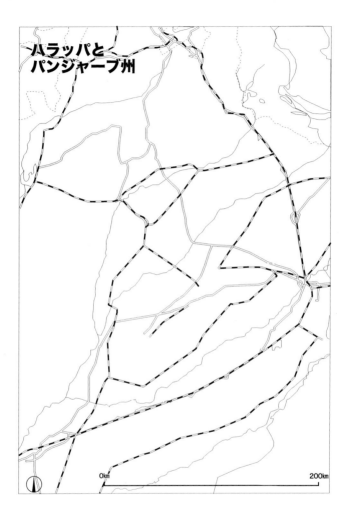

【白地図】サヒワル〜ハラッパ

ASIA
パキスタン

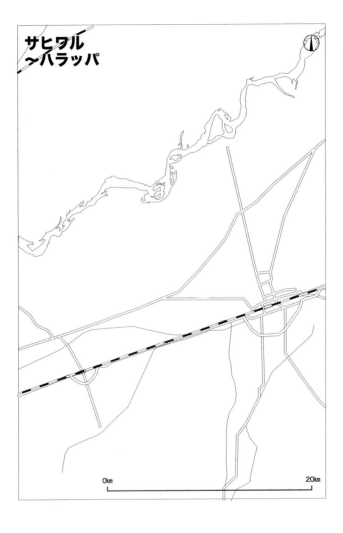

【白地図】サヒワル

ASIA
パキスタン

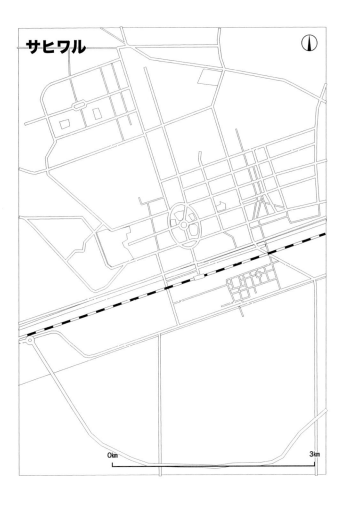

【白地図】ハラッパ

ASIA
パキスタン

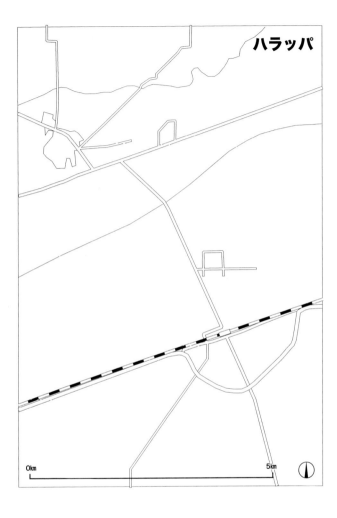

【白地図】ハラッパ遺跡

ASIA
パキスタン

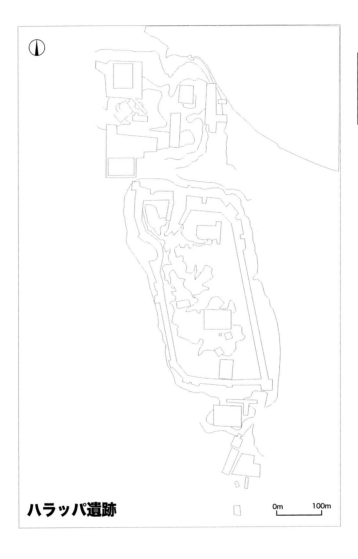

ハラッパ遺跡

Harappa 白地図

【まちごとアジア】
パキスタン002 フンザ
パキスタン003 ギルギット（KKH）
パキスタン004 ラホール
パキスタン005 ハラッパ
パキスタン006 ムルタン

ASIA
パキスタン

イ ンダス河流域の広大な地域に分布するインダス文明の遺跡群。ハラッパは南のモヘンジョ・ダロに準ずる都市遺跡で、この遺跡の発掘ではじめて古代文明の存在が明らかになったことから、インダス文明はハラッパ文明、その担い手はハラッパ人とも呼ばれる。

インダス文明の最盛期は紀元前2350～前1800年ごろだとされ、往時には2万人もの人々が古代都市ハラッパで暮らしていた。河川を交易ネットワークとしてパンジャーブ地方一帯から物資が集散され、ここはインダス文明北方の首都の役

ہڑپہ *ハラッパ*
Harappa

割を果たしていた。

　環境の変化などから紀元前 1700 年ごろにはハラッパは破棄され、英領インド時代に「発見」されるまで長い時代、忘れられていた。遺跡の破壊は進み、その保護が重要になっているが、モンスーン（シヴァ神）や牛、樹木の崇拝などでハラッパ文化の影響は現在のインド文明にも見いだせるという。

【まちごとアジア】

パキスタン 005 ハラッパ

目次

ハラッパ……………………………………………………xiv

レンガが伝える古代文明 ………………………………xx

ハラッパ鑑賞案内 ………………………………………xxxi

現代から見る文明の足跡…………………………………xliv

【MEMO】

【地図】パキスタン

ASIA
パキスタン

レンガが伝える古代文明

ASIA
パキスタン

四大文明のひとつにあげられるインダス文明遺跡
長いあいだ忘れられ、遺跡の荒廃が進む
次世代に伝えたい人類共有の財産

インダス文明の「発見」

ハラッパが発掘された19世紀後半から20世紀初頭は、西欧諸国がアジア、アフリカ諸国を植民地にしていた時代で、パキスタンも英領インドを構成していた。ハラッパ遺跡で印章や石器が出土したため、古代文明の存在が予測されていたが、ハラッパで本格的な調査が行なわれたころ、それまで仏教遺跡だと思われていたモヘンジョ・ダロからハラッパのものと同型の印章が見つかった。ふたつの都市は600km離れていたが、共通の出土品や文化をもっていたことから、この地方一帯に広まっていたインダス文明の存在が明らかになった（ハ

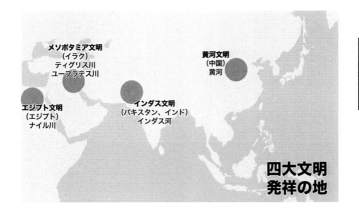

四大文明発祥の地

ラッパのほうがより後期にあたるという)。

四大文明のひとつ

インダス文明は、メソポタミア文明、エジプト文明、黄河文明とならぶ四大文明のひとつで、これらの古代文明には人々の生活にかかせない大河のほとりに開けたという共通条件があげられる。ハラッパやモヘンジョ・ダロのそばを河が流れ、現在はかれてしまったガッガル・ハークラーもあわせ河川の交通網を使って交易が行なわれていた。その規模は他の文明圏でも見られないほど広大で、東西1600km、南北1400kmに

▲左 ハラッパ近郊で見た羊飼い。　▲右 レンガは鉄道の敷設にあたって運び去られてしまった

およぶ（パンジャーブ、シンド、北ラジャスタン、グジャラートがその分布範囲。インド側ではロータルやカーリーバンガンが知られる）。

危機にひんする遺跡

ハラッパの古代都市では、同じ大きさの日干しレンガが建築材料としてもちいられていたが、それを古代遺跡と知らなかった地元の人が家を建てる際にもち去ったり、ラホール・ムルタン間の線路の敷石として使われてしまった。くわえて塩分をふくんだラヴィ川の洪水でレンガがけずられ、いちじ

【MEMO】

Harappa　レンガが伝える古代文明

ASIA
パキスタン

▲左 ハラッパ遺跡の発掘現場。　▲右 インダス文明の主要都市はパキスタンにある

るしく遺跡は破損している。現在、遺跡の外観から全体像を把握することは難しく、ハラッパは破壊の危機にひんしている。

【MEMO】

Harappa　レンガが伝える古代文明

【地図】ハラッパとパンジャーブ州

【地図】ハラッパとパンジャーブ州の [★★★]
- [ ] ハラッパ Harappa

【地図】ハラッパとパンジャーブ州の [★★☆]
- [ ] サヒワル Sahiwal

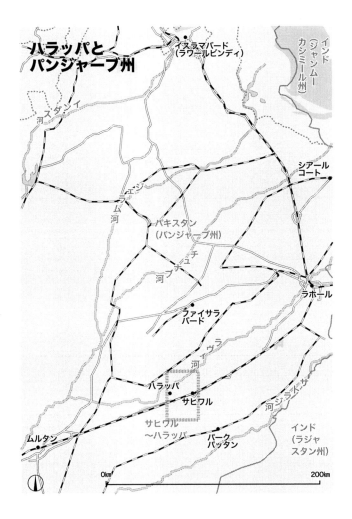

【地図】サヒワル〜ハラッパ

【地図】サヒワル〜ハラッパの [★★★]
- [ ] ハラッパ Harappa

【地図】サヒワル〜ハラッパの [★★☆]
- [ ] サヒワル Sahiwal
- [ ] ハラッパ博物館 Harappa Museum

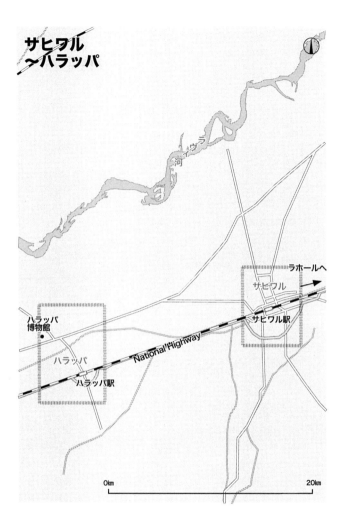

Guide, Harappa
ハラッパ鑑賞案内

今から 4000 年前
ハラッパには最大で 2 万人もの人々が暮らしていた
世界に知られた古代都市の姿

サヒワル Sahiwal [★★☆]

ハラッパの北東 25 ㎞に位置するサヒワル。ラホールとムルタンのちょうど中間に位置し、ハラッパ遺跡への起点になる。鉄道駅があるほか、ラホール・カラチ・ロードが走ることから交通の利便性が高く、英領インド時代に町は発展するようになった。

【地図】サヒワルの [★★☆]
☐ サヒワル Sahiwal

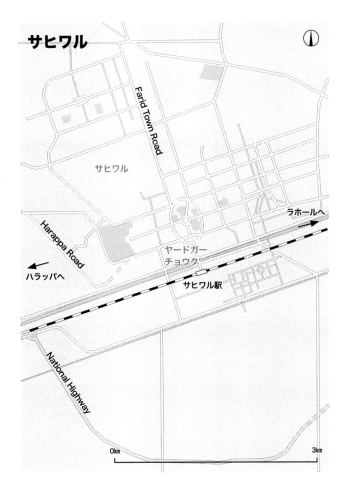

【地図】ハラッパ

【地図】ハラッパの [★★★]
- [ ] ハラッパ Harappa

【地図】ハラッパの [★★☆]
- [ ] ハラッパ博物館 Harappa Museum

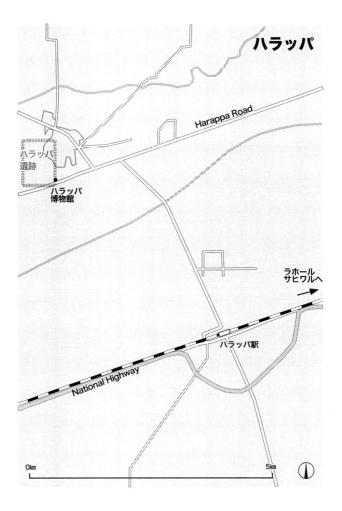

ASIA
パキスタン

ハラッパの都市プラン

インダス文明の都市は自然発生的にできたわけではなく、明確なプランをもってつくられている。東に城塞、西に市街をもつというプランは、モヘンジョ・ダロ、ハラッパなどで共通するもので、城壁の外には穀物倉がおかれていた。また城塞や街の外壁には同じ大きさの焼成レンガが使われていて、度量衡の発達も見ることができる。

▲左　遺跡の各所から当時の生活ぶりがうかがえる。　▲右　長い時間がたったのち、この地はイスラム化した

市街地 Citadel Area ［★★☆］

ハラッパは東西200m、南北400mからなる平行四辺形の市街地跡。大通りから路地まで碁盤の目状に整然と走り、排水溝が整備されるなど、緻密な都市計画をもっている。敷地内には後世におかれたイスラム教の墳墓も残るほか、遺跡の深部からはインダス文明以前の先ハラッパ文化の遺品も見つかっている。

ASIA
パキスタン

労働者居住区 Workmen's Quartes ［★★☆］

市街地の北に位置する労働者居住区。ハラッパでは同型の焼成レンガがつくられていたが、この居住区はハラッパで働く人々が起居する場所だったと考えられる。労働者居住区のさらに北には作業台が見られる。

作業台 Worker's Platforms ［★★☆］

直径4m弱の作業台跡。ここでは円の中心部に臼をおいて小麦をつくといったことが行なわれていたと考えられる。

▲左　やがてインダス都市は放棄され、インド史の舞台はガンジス河流域に遷った。　▲右　発掘された展示品がならぶ博物館

穀倉庫 Granaries ［★★☆］

収穫された穀物が蓄えられていた穀倉庫。周囲の村や農地からハラッパへ集められた穀物がおさめられていたところで、レンガでつくられた基部が残っている。インダス文明では強い王権の存在が確認できず、川の洪水のあとに種をまく氾濫農耕が行なわれていた（土木工事を行なって水をひく灌漑農耕ではない）。

【地図】ハラッパ遺跡

【地図】ハラッパ遺跡の [★★☆]
- [ ] 市街地 Citadel Area
- [ ] 労働者居住区 Workmen's Quartes
- [ ] 作業台 Worker's Platforms
- [ ] 穀倉庫 Granaries

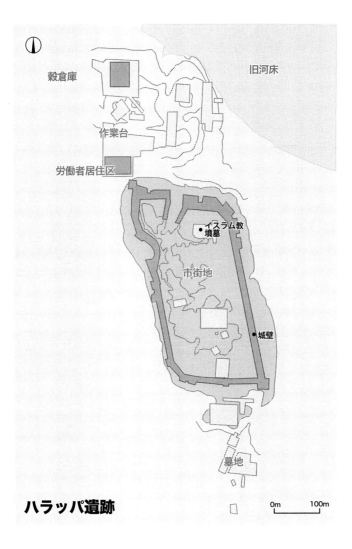

ASIA
パキスタン

ハラッパ博物館 Harappa Museum ［★★☆］

ハラッパ遺跡から出土した遺品がならぶ博物館。各地への交易で重要な役割を果たしていた印章、ハラッパ人がつけていた装飾品などが展示されている。インダス文明遺跡からは、サイコロやチェスを思わせるものが発掘されているほか、現在のパキスタンでは見られない鹿や熊、うさぎ、サイなどの動物の意匠が見られるところから、当時は湿潤な環境だったことが推測される。

現代から見る文明の足跡

ASIA
パキスタン

パキスタンからインド西部にかけて分布する遺跡
四大文明のひとつインダス文明は
どのような特徴をもつ文明だったのだろう

水の文明

モヘンジョ・ダロでは遺跡のなかで沐浴場が見られ、そこで神官（宗教者）が施政を行なっていたと考えられている。インダス河の洪水を使った氾濫農耕や都市にめぐらされた上下水道など、この文明では水へのかかわりがきわめて強いことがわかっている。南アジア特有のモンスーンがつくる環境がインダス文明の性格に影響をあたえ、それはのちにシヴァ神（モンスーンが神格化された）にも受け継がれることになった。また牛や菩提樹を神聖視する考えなどもうかがえることから、のちのインド文明に続く宗教観がこの古代文明に見い

Harappa｜現代から見る文明の足跡

だせるという。

文字をもつ文明

インダス文明には約400のインダス文字が残されていて、この文明の謎を解く手がかりになるとされている。メソポタミア文明で使われていた楔形文字の半数程度の量であることから、いまだこの文字は完全に解読されていないが、文法上の構造などからドラヴィダ系の人々の言葉だったと考えられている（現在、南インドにで暮らす人々）。文字がならぶある行が「左から右」に書かれたら、次の行は「右から左」に書

【地図】インダス文明遺跡分布

ASIA
パキスタン

インダス文明
遺跡分布

『インダス文明』(ウィーラー/みすず書房)
『インダス文明』(辛島昇/日本放送出版協会)
掲載図を参考に作成。

ASIA
パキスタン

かれるというように、行が変わるたびに文章の進行が逆になるという特徴をもつという。

印章の文明

古代世界で最大規模の交易範囲をほこったインダス文明。この交易を支えたのが荷物に刻印される印章で、2〜3 cmの方形の印章には牡牛、水牛、サイ、一角獣などの動物が刻まれていた。印章はモヘンジョ・ダロから1200、ハラッパから350とふたつの遺跡から全体の9割が出土している。そのことからこの二都市が文明全体の首都のような役割を果たして

Harappa　現代から見る文明の足跡

▲左　遺跡が説明された看板、廃墟から当時をしのぶ。　▲右　ハラッパ近郊では昔と変わらない生活が見られる

いたのではないかと推測されている。

参考文献

『インダス文明』（ウィーラー / みすず書房）

『インダス文明』（辛島昇・桑山正進・小西正捷・山崎元一 / 日本放送出版協会）

『四大文明インダス』（ＮＨＫスペシャル「四大文明」プロジェクト・近藤英夫 / 日本放送出版協会）

『世界の大遺跡８インドの聖域』（小西正捷 / 講談社）

『世界大百科事典』（平凡社）

まちごとパブリッシングの旅行ガイド

Machigoto INDIA , Machigoto ASIA , Machigoto CHINA

【北インド - まちごとインド】

001 はじめての北インド
002 はじめてのデリー
003 オールド・デリー
004 ニュー・デリー
005 南デリー
012 アーグラ
013 ファテープル・シークリー
014 バラナシ
015 サールナート
022 カージュラホ
032 アムリトサル

【西インド - まちごとインド】

001 はじめてのラジャスタン
002 ジャイプル
003 ジョードプル
004 ジャイサルメール
005 ウダイプル
006 アジメール（プシュカル）
007 ビカネール
008 シェカワティ
011 はじめてのマハラシュトラ
012 ムンバイ
013 プネー
014 アウランガバード
015 エローラ
016 アジャンタ
021 はじめてのグジャラート
022 アーメダバード
023 ヴァドダラー（チャンパネール）
024 ブジ（カッチ地方）

【東インド - まちごとインド】

002 コルカタ
012 ブッダガヤ

【南インド - まちごとインド】

001 はじめてのタミルナードゥ
002 チェンナイ
003 カーンチプラム
004 マハーバリプラム
005 タンジャヴール
006 クンバコナムとカーヴェリー・デルタ
007 ティルチラパッリ
008 マドゥライ
009 ラーメシュワラム
010 カニャークマリ
021 はじめてのケーララ
022 ティルヴァナンタプラム
023 バックウォーター（コッラム〜アラップーザ）
024 コーチ（コーチン）
025 トリシュール

【ネパール - まちごとアジア】

001 はじめてのカトマンズ
002 カトマンズ
003 スワヤンブナート

004 パタン
005 バクタプル
006 ポカラ
007 ルンビニ
008 チトワン国立公園

【バングラデシュ - まちごとアジア】

001 はじめてのバングラデシュ
002 ダッカ
003 バゲルハット（クルナ）
004 シュンドルボン
005 プティア
006 モハスタン（ボグラ）
007 パハルプール

【パキスタン - まちごとアジア】

002 フンザ
003 ギルギット（KKH）
004 ラホール
005 ハラッパ
006 ムルタン

【イラン - まちごとアジア】

001 はじめてのイラン
002 テヘラン
003 イスファハン
004 シーラーズ
005 ペルセポリス
006 パサルガダエ（ナグシェ・ロスタム）
007 ヤズド
008 チョガ・ザンビル（アフヴァーズ）
009 タブリーズ

010 アルダビール

【北京 - まちごとチャイナ】

001 はじめての北京
002 故宮（天安門広場）
003 胡同と旧皇城
004 天壇と旧崇文区
005 瑠璃廠と旧宣武区
006 王府井と市街東部
007 北京動物園と市街西部
008 頤和園と西山
009 盧溝橋と周口店
010 万里の長城と明十三陵

【天津 - まちごとチャイナ】

001 はじめての天津
002 天津市街
003 浜海新区と市街南部
004 薊県と清東陵

【上海 - まちごとチャイナ】

001 はじめての上海
002 浦東新区
003 外灘と南京東路
004 淮海路と市街西部
005 虹口と市街北部
006 上海郊外（龍華・七宝・松江・嘉定）
007 水郷地帯（朱家角・周荘・同里・甪直）

【河北省 - まちごとチャイナ】

001 はじめての河北省
002 石家荘
003 秦皇島
004 承徳
005 張家口
006 保定
007 邯鄲

【江蘇省 - まちごとチャイナ】

001 はじめての江蘇省
002 はじめての蘇州
003 蘇州旧城
004 蘇州郊外と開発区
005 無錫
006 揚州
007 鎮江
008 はじめての南京
009 南京旧城
010 南京紫金山と下関
011 雨花台と南京郊外・開発区
012 徐州

【浙江省 - まちごとチャイナ】

001 はじめての浙江省
002 はじめての杭州
003 西湖と山林杭州
004 杭州旧城と開発区
005 紹興
006 はじめての寧波
007 寧波旧城
008 寧波郊外と開発区
009 普陀山
010 天台山
011 温州

【福建省 - まちごとチャイナ】

001 はじめての福建省
002 はじめての福州
003 福州旧城
004 福州郊外と開発区
005 武夷山
006 泉州
007 廈門
008 客家土楼

【広東省 - まちごとチャイナ】

001 はじめての広東省
002 はじめての広州
003 広州古城
004 天河と広州郊外
005 深圳(深セン)
006 東莞
007 開平(江門)
008 韶関
009 はじめての潮汕
010 潮州
011 汕頭

【遼寧省 - まちごとチャイナ】

001 はじめての遼寧省
002 はじめての大連
003 大連市街
004 旅順
005 金州新区

006 はじめての瀋陽
007 瀋陽故宮と旧市街
008 瀋陽駅と市街地
009 北陵と瀋陽郊外
010 撫順

【重慶 - まちごとチャイナ】

001 はじめての重慶
002 重慶市街
003 三峡下り（重慶〜宜昌）
004 大足

【香港 - まちごとチャイナ】

001 はじめての香港
002 中環と香港島北岸
003 上環と香港島南岸
004 尖沙咀と九龍市街
005 九龍城と九龍郊外
006 新界
007 ランタオ島と島嶼部

【マカオ - まちごとチャイナ】

001 はじめてのマカオ
002 セナド広場とマカオ中心部
003 媽閣廟とマカオ半島南部
004 東望洋山とマカオ半島北部
005 新口岸とタイパ・コロアン

【Juo-Mujin（電子書籍のみ）】

Juo-Mujin 香港縦横無尽
Juo-Mujin 北京縦横無尽
Juo-Mujin 上海縦横無尽

【自力旅游中国 Tabisuru CHINA】

001 バスに揺られて「自力で長城」
002 バスに揺られて「自力で石家荘」
003 バスに揺られて「自力で承徳」
004 船に揺られて「自力で普陀山」
005 バスに揺られて「自力で天台山」
006 バスに揺られて「自力で秦皇島」
007 バスに揺られて「自力で張家口」
008 バスに揺られて「自力で邯鄲」
009 バスに揺られて「自力で保定」
010 バスに揺られて「自力で清東陵」
011 バスに揺られて「自力で潮州」
012 バスに揺られて「自力で汕頭」
013 バスに揺られて「自力で温州」

【車輪はつばさ】
南インドのアイラヴァテシュワラ寺院には建築本体に車輪がついていて寺院に乗った神さまが人びとの想いを運ぶと言います。

・本書はオンデマンド印刷で作成されています。
・本書の内容に関するご意見、お問い合わせは、発行元の
　まちごとパブリッシング info@machigotopub.com までお願いします。

まちごとアジア
パキスタン005ハラッパ
～「インダス文明」に想い馳せて［モノクロノートブック版］

2017年11月14日　発行

著　者	「アジア城市（まち）案内」制作委員会
発行者	赤松　耕次
発行所	まちごとパブリッシング株式会社
	〒181-0013　東京都三鷹市下連雀4-4-36
	URL http://www.machigotopub.com/
発売元	株式会社デジタルパブリッシングサービス
	〒162-0812　東京都新宿区西五軒町11-13
	清水ビル3F
印刷・製本	株式会社デジタルパブリッシングサービス
	URL http://www.d-pub.co.jp/

MP075

ISBN978-4-86143-209-5 C0326　　　Printed in Japan
本書の無断複製複写（コピー）は、著作権法上での例外を除き、禁じられています。